はじめてのゆびあみ & リリアンあみ

かわいいリリアンあみ

著 寺西 恵里子

CONTENTS

はじめに　　　　　　　　P04
リリアンあみとは…　　　P05

Lesson 1
牛乳パックで！
ポンポンマフラー ・・・ P06

Lesson 2
トイレットペーパーの芯で！
ワイヤークラフト ・・・ P12

Lesson 3
ティッシュの空き箱で！
巾着ポーチ ・・・・・・ P16

Lesson 4
ペットボトルで！
平あみポシェット ・・ P20

Lesson 5
組み合わせて！
うさぎのあみぐるみ ・・ P24

Lesson 6-1
いろいろ作ってみよう！
傘の持ち手カバー・・・・ P28

Lesson 6-2
いろいろ作ってみよう！
ペットボトルホルダー P30

Lesson 6-3
いろいろ作ってみよう！
リボンシュシュ・・・・ P32

Lesson 6-4
いろいろ作ってみよう！
ビーズブレスレット・ P34

Lesson 6-5
いろいろ作ってみよう！
ハロウィン飾り・・・・ P36

はじめに

リリアンあみは
牛乳パックなどの容器に割り箸をつけて
編み器を作って、編む編み物です。

ゆびあみと同じように、
簡単で、楽しく編めて、
いろいろなものが作れます。

編み器はトレットペーパーの芯や
ペットボトル、ティッシュの空き箱
身近なもので作れます。

編み器によって、
大きさが違うものが編めるので
できるものに広がりがあります。

教室で編むのもいいですね！
自分のものはもちろん、
教室の飾りになるものを編んでも！

編み器は何度でも使えるので
友だちに貸したりもできます。

いっしょに
作ろう！

リリアンあみの楽しさを
広めていってください！

小さな毛糸に
大きな願いをこめて……

寺西恵里子

リリアンあみとは……

編み器は割り箸をピンにして、
牛乳パックなどで簡単に作れて、
初心者でも編めるのが魅力です。

基本的な編み方は…

編み器を作る	糸をかける	下の糸を上にかける	繰り返し編む

編み方を変えたり、つないだり……

牛乳パックで

トイレットペーパーの芯で

ペットボトルで

ティッシュの空き箱で

その他にもいろいろなものが作れます！

Lesson 1

牛乳パックで！ポンポンマフラー

牛乳パックで作る編み器で、リリアンあみを覚えましょう！
両端にポンポンをつけてマフラーを作ります！

毛糸選びも楽しんで作りましょう！

ポンポンマフラーの作り方

材料

- 牛乳パック ……………………… 1本
- 割り箸 …………………………… 6組
- ガムテープ ……………………… 適量
- 並太毛糸
  - （オレンジ）………………… 60g
  - （黄色）……………………… 35g
- 厚紙 ……………………… 10cm×15cm

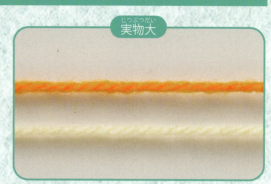
実物大

1 編み器を作ります。

大人の人とやりましょう

① 割り箸を箸先から12cmのところで切ります。（12本）

② 牛乳パックを用意します。

③ 上下を切り、高さを10cmにします。

④ ①を③に、箸先を上にしてセロハンテープで貼ります。

⑤ 12本を等間隔で貼ります。

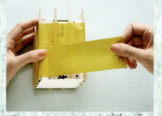

⑥ ガムテープで上下を巻きます。

⑦ ガムテープを巻きました。

⑧ 上から見たところです。

★編みやすい編み器のポイント

編み器を作る際、3つのポイントを押さえると編みやすくなります。

1. 割り箸の先が細い。
2. 割り箸がぐらぐらしない。
3. 割り箸が長すぎたり、短すぎたりしない。

※おすすめは編み器から2cm出る長さです。
　糸が抜けやすい場合は、長くしましょう。

割り箸の先が細くないものは、先が尖らない程度に鉛筆削りで削るといいよ！

★ 糸端の出し方

糸がころがらないように内側から出しましょう！

① 毛糸玉の中に指を入れ、中心をつかみます。

② 中心のかたまりを引っ張り出します。

③ かたまりの中から糸端を探します。

2 糸をかけます。

① 糸を編み器に入れます。下からはみ出る長さに調整します。

② ★の割り箸の前に糸をかけます。

③ 次の割り箸は後ろに、その次は前にと交互にかけます。

④ 1周かけたら、糸を押し下げます。

3 1段編みます。

① 糸を割り箸の前に持ってきます。

糸が割り箸の前に2本かかっているところを編みます。

② 割り箸にかかっている糸を、持ちます。

③ ②の糸を割り箸の後ろに持っていきます。

④ 1目編めました。次は糸が2本かかっていないので編みません。

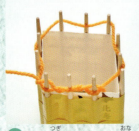
⑤ その次は、②③と同じように1目編みます。

⑥ 編み器を回しながら、編む・編まないを繰り返します。

⑦ 1周編み、1段目が編めました。

4 繰り返し編みます。

① 2段目からは、全ての割り箸のところで編みます。

② 10段編みました。

③ 糸を下に引っ張ります。

④ 時々、糸を下に引っ張りながら130cm編みます。

★ フワフワに編むポイント

編み進めていくうちに、キツくならないようにポイントを押さえましょう。

糸玉から出てくる糸は、引っ張らない！

その1 糸玉から糸が出にくい時は、先に糸を出しておきます。

その2 糸は左手にのせるだけで、糸を持たないようにします。

押さえる場所はこの2通り！

その1 次の割り箸の上にひとさし指をそえます。

その2 次とその次の割り箸の間の編み地にひとさし指をそえます。

割り箸の数が多いとキツくなりやすいから気をつけよう！

★ 糸のつなぎ方

別の糸をつなぎましょう！

① 糸端と別の糸を2回結びます。

② 糸端を内側に入れて、編みます。

③ 編み進めたところです。

5 端の始末をします。

① 編み器を大きく1周する長さで、糸を切ります。

② 糸端をセロハンテープで巻きます。

③ 糸端を、編み終わりの次の割り箸にかかる糸の下から通します。

④ 引っ張ります。

⑤ その次の割り箸もかかっている糸の下から糸を通します。

⑥ 1周、繰り返します。

⑦ 糸を割り箸から外します。

⑧ 糸を引っ張り、閉じます。

6 十字に縫い止め、糸始末をします。

① 糸端を斜めに通します。

② 糸を引っ張ります。縫い目が縦になりました。

③ 糸端を真横に通します。

④ 糸を引っ張ります。縫い目が十字になりました。

しっかり十字に縫い止めて、口が開かないようにしよう！

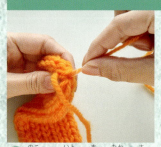
⑤ 残りの糸は真ん中に差して、内側に入れます。

⑥ 3〜4cm先に糸を出し、切ります。

7 ポンポンを作ります。

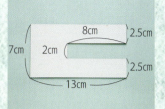
① 厚紙で台紙を作ります。

② 毛糸を巻きます。

③ 120回巻きます。

④ 30cmに切った別糸を2回巻いて結びます。

⑤ もう1度結びます。

⑥ 端を切ります。

⑦ 丸くなるように切ります。

⑧ 直径6cmの大きさにします。2つ作ります。

8 ポンポンをマフラーにつけます。

① ポンポンの糸端にセロハンテープを巻きます。

② 糸端をマフラーに通します。

③ もう1度通します。

④ 糸を引っ張ります。

⑤ ポンポンの糸端同士を結びます。

⑥ もう1度結びます。

⑦ 糸端を始末します。（反対側も同じ）

できあがり!!

Lesson 2

トイレットペーパーの芯で！
ワイヤークラフト

トイレットペーパーの芯を使って、細く編みましょう！
中にワイヤーを通せば、ワイヤークラフトに！

好きな形を作ってみましょう！

ワイヤークラフトの作り方

材料

- トイレットペーパーの芯 ……………… 1本
- 割り箸 ……………… 3組
- ガムテープ ……………… 適量
- 並太毛糸（青） ……………… 60g
- 自在ワイヤー ……………… 55cm

実物大

1 編み器を作ります。

① トイレットペーパーの芯と切った割り箸を6本用意します。

② 割り箸を等間隔に、ガムテープで貼ります。

2 編みます。

① 糸を2本を合わせて、編み器に入れます。

② 糸を、★の割り箸から前・後ろと交互に1周かけます。

③ 糸を下に引っ張りながら、50cm編みます。（P.8・9参照）

④ 糸を20cm残して切り、端の始末をします。

3 ワイヤーを入れます。

① 糸を割り箸から外し、ワイヤーを入れます。

② ワイヤーを全部入れます。

4 星の形にします。

① ②の♥から型紙に合わせて曲げます。（型紙：P.38）

② 最後はワイヤーの端を重ねてセロハンテープを巻きます。

③ 糸端同士を2回結び、糸始末をします。

できあがり!!

Lesson 1
ポンポンマフラー バリエーション

2本どりで編むと厚みのある仕上がりに。
ポンポンの色の組み合わせを考えるのも楽しいですね！

Lesson 2 ワイヤークラフト バリエーション

ハロウィンで活躍しそうなねこ耳とくま耳のカチューシャ！
毛糸の種類を工夫して、作ってみましょう！

※作り方：P.39

Lesson 3

ティッシュの空き箱で！
巾着ポーチ

あき口はフリフリに
なるように仕上げます。

ティッシュの空き箱を使って巾着ポーチを！
途中で毛糸の色を変えて、好きな模様にしましょう！

巾着ポーチの作り方

材料

- ティッシュの空き箱 ……………… 1箱
- 割り箸 ……………… 7組
- ガムテープ ……………… 適量
- 並太毛糸
  - （ピンク） ……………… 20g
  - （グラデーション） …… 20g
- 厚紙 ……………… 10cm×10cm

実物大

1 編み器を作ります。

① 割り箸を8cmの長さに切ります。（28本）

② ティッシュの空き箱を用意します。

③ 底を切ります。

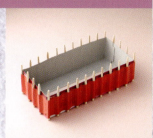

④ 割り箸を等間隔に、ガムテープで貼ります。

2 編みます。

① ピンクの糸を、編み器に入れます。

② 糸を、★の割り箸から前・後ろと交互に1周かけます。

③ 好きな長さまで編みます。（P.8・9参照）

3 糸を替えます。

① 糸を切ります。

② グラデーションの糸を結んでつなぎます。

③ 糸端を内側に入れながら編み進めます。

④ 8cm編みました。

⑤ 糸を下に引っ張ります。色を変えながら20cm編みます。

4 口を閉じない端の始末をします。

① 編み器を大きく1周する長さで、糸を切ります。

② 端の始末をします。

③ 糸端を最後に通したところにもう1度通します。

④ 糸を引っ張り、糸端をできた輪に通します。

⑤ 糸を引っ張ります。

⑥ 糸を割り箸から外します。

割り箸にかかっている糸に結んで解けないようにするよ！

5 糸始末をします。

① 上の糸端を、近くの編み地に絡めて、糸を切ります。

② 下の糸端は、十字に縫い止め糸始末をします。

6 毛糸を通します。

① 糸を2本合わせてセロハンテープで巻き、編み目に通します。

② 1つ飛ばしで1周通します。

③ 両端を合わせて結びます。反対側も同じように通して結びます。

7 底に厚紙を入れます。

① 厚紙を直径10cmに切ります。

② 厚紙を巾着ポーチに入れ、底にします。

できあがり!!

Lesson 3
巾着ポーチ バリエーション

太さの違う毛糸を組み合わせてつくる巾着ポーチ！
編み方が同じでも、また違った雰囲気を楽しめます。

Lesson 4

ペットボトルで！
平あみポシェット

ペットボトルの編み器で、
平あみに挑戦しましょう！
編んだものを縫い合わせて、
かわいいポシェットを作ります！

種類の違う毛糸を組み合わせて
編んでみましょう！

平あみポシェットの作り方

材料

- ペットボトル（2ℓ） ………………… 1つ
- 割り箸 ………………… 7組
- ガムテープ ………………… 適量
- 並太毛糸
  - （黄色） ………………… 30g
  - （白） ………………… 25g

実物大

1 編み器を作ります。

① 割り箸を12cmの長さに切ります。（14本）
※大人の人とやりましょう

② ペットボトルを用意します。

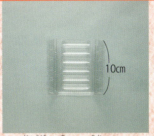
③ 上下を切り、高さを10cmにします。

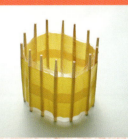
④ 割り箸を等間隔に、ガムテープで貼ります。

2 編みます。

① 黄色と白の糸を2本合わせて、編み器に入れます。

② 糸を★から♥まで、時計回りに前・後ろと交互にかけます。

③ 糸を折り返し、♥の前に持ってきます。

④ ♥のところを編みます。（P.8・9参照）

⑤ ★まで、反時計回りに編みます。

⑥ ★と♥の間を折り返しながら編みます。

折り返したところを編み忘れないように注意しよう。

⑦ 27cm編めたら、黄色の糸を切り、白の糸をつなぎます。

⑧ 2本合わせて、6cm編みます。

3 端と糸端の始末をします。

① 端まで編んだら、大きく1周する長さで糸を切ります。

③ 1周繰り返し、糸端を最後の割り箸にかかる糸に結びます。

④ 糸を割り箸から外し、糸始末をします。

② 糸端を折り返し、端にかかる糸の下から通します。

4 縫い合わせます。

① 別糸にセロハンテープを細長く巻きます。

② 下から13cmのところで折り上げ、①を編み目に結びます。

③ ①を編み地に、斜めに通します。

④ 糸を引き、繰り返し斜めに通し、縫い合わせます。

⑤ 上まで縫い合わせたら、結びます。（反対側も同じ）

⑥ 糸始末をします。

5 紐をつけます。

① 糸を3本まとめてひと結びして、三つあみをします。(P.38参照)

② 編み終わりもひと結びし、1mの紐を作ります。

③ 別糸にセロハンテープを巻き、②を脇に縫い付け、糸始末をします。

できあがり!!

中にペットボトルを入れて、小物入れに！
あき口はクルクル巻き、三つあみした紐を巻いて飾ります。

Lesson 5

組み合わせて！ うさぎのあみぐるみ

ペットボトルとトイレットペーパーの芯で編んだものを組み合わせて、かわいいうさぎのあみぐるみを作りましょう！

編んだものに綿を詰めて、ころんとした形にします。

うさぎのあみぐるみの作り方

材料

- ペットボトル（2ℓ） …… 1つ
- トイレットペーパーの芯 … 1本
- 割り箸 …………………… 9組
- ガムテープ ……………… 適量
- 並太毛糸
  - （白） …………………… 20g
  - （ピンク） ……………… 30cm
- 綿 ………………………… 4g

実物大

頭と体はペットボトルの編み器で、耳と手はトイレットペーパーの芯の編み器を使うよ！

1 頭と体を編みます。

① ペットボトルの編み器を作ります。（P.21参照）

② 糸を編み器に入れます。

③ 糸を、★の割り箸から前・後ろと交互に1周かけます。

④ 糸を下に引っ張りながら、11cm編みます。（P.8・9参照）

⑤ 編み器を大きく1周する長さで、糸を切ります。

⑥ 端の始末をします。

⑦ 糸を割り箸から外します。

⑧ 綿を入れます。

⑨ 糸を引っ張り、十字に縫い止め糸始末をします。

⑩ ピンクの糸でぎゅっと結んで、ちょうちょ結びをします。

2 耳と手を編みます。

① トイレットペーパーの芯と切った割り箸を4本用意します。

② 割り箸を等間隔に、ガムテープで貼ります。

③ 糸を編み器に入れます。

④ 糸を、★の割り箸から前・後ろと交互に1周かけます。

⑤ 糸を下に引っ張りながら、4段編みます。

⑥ 糸を20cmの長さに切り、端の始末をします。

⑦ 糸を割り箸から外し、糸端を引っ張ります。2つ編みます。

⑧ 上の糸は糸始末をします。耳ができました。

⑨ 同じように3段のものを2つ編みます。

⑩ ⑧の両端を2回結びます。手ができました。

3 組み合わせます。

① 耳の糸端にセロハンテープを巻きます。

② 頭の編み目に通します。

③ 2〜3回かがり、結んで糸始末をします。（反対側も同じ）

④ 手の糸端にセロハンテープを巻き、体の編み目に通します。

⑤ 2〜3回かがり、両端を結んで糸始末をします。（反対側も同じ）

できあがり!!

Lesson 5
うさぎのあみぐるみ バリエーション

耳を手と同じように作るとくまのあみぐるみに。
編み地が目立たない毛糸で編むのがおすすめです！

Lesson 6-1

いろいろ作ってみよう！
傘の持ち手カバー

トイレットペーパーの芯を使うと傘の持ち手にピッタリ！
フリルもつけて可愛く仕上げましょう！

お気に入りの傘の色に合わせて毛糸を選んでもいいですね！

傘の持ち手カバーの作り方

材料

- トイレットペーパーの芯 ……………… 1本
- 割り箸 ……………… 3組
- ガムテープ ……………… 適量
- 並太毛糸
  - (紫) ……………… 8g
  - (白) ……………… 2g

実物大

1 トイレットペーパーの編み器で編みます。（P.13参照）

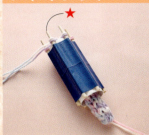
❶ 紫の糸を2本合わせ、15cm（★まで）編みます。

❷ ★にかかっている糸に、白の糸を2本合わせて結びます。

❸ 紫の糸を編み込まないようずらしながら、白の糸で編みます。

❹ 3段編んだら糸を切ります。端の始末をし、結びます。

❺ 白の糸を割り箸から外し、紫の編み目を割り箸にかけます。

❻ 同じように6本とも、白から紫の糸にかけ替えます。

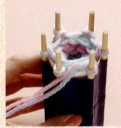
❼ 3段編みます。フリルが1つできました。

❽ もう1度、❷～❼を繰り返します。

2 端と糸端の始末をします。

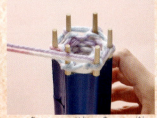
❶ 編めたら糸を切り、端の始末をします。

❷ 編み器から外して、●以外の糸端の始末をします。

❸ 傘の持ち手を通します。❷の●を引っ張り糸始末をします。

できあがり!!

Lesson 6-2 ペットボトルホルダー

いろいろ作ってみよう！

ペットボトルホルダーの太さに合わせて、編み器を作ります！
ティッシュの空き箱を使って、ピッタリの太さに！

水筒の太さに合わせて編み器を作ってみてもいいですね！

ペットボトルホルダーの作り方

材料

- ティッシュの空き箱 ……………… 1箱
- 割り箸 ……………………………… 5組
- ガムテープ ………………………… 適量
- 並太毛糸（紺） ……………… 20g
- 極太毛糸（グラデーション） …… 30g

実物大

1 編み器を作ります。

① 割り箸を8cmの長さに切ります。20本切ります。

② ティッシュの空き箱の底と端から12cmのところを切ります。

③ 短い方が外側になるように重ねます。

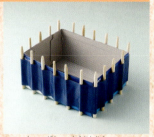

④ 割り箸を等間隔に、ガムテープで貼ります。

2 編みます。

① 糸を編み器に入れ、★から前・後ろと交互に1周かけます。

② 時々糸を下に引っ張りながら編みます。（P.8・9参照）

③ 糸を好きなところで替えながら23cm編み、糸を切ります。

④ 口を閉じない端の糸始末をします。（P.18参照）

⑤ 上と下、それぞれ糸始末をします。（P.18参照）

3 紐を通します。

① 別糸（40cm）をセロハンテープで巻き、編み目に1つ飛ばしで通します。

② 1周通したら、ペットボトルを入れて、ちょうちょ結びをします。

できあがり!!

31

Lesson 6-3

いろいろ作ってみよう！
リボンシュシュ

リボンを編んで作るかわいいシュシュ！
ゴムに通しながら編むだけで簡単に作れます！

太いリボンを使うと、ボリュームがあり華やかなシュシュに！

リボンシュシュの作り方

材料
- トイレットペーパーの芯 …………………… 1本
- 割り箸 …………………… 1組
- ガムテープ …………… 適量
- リボン（黄色） ………… 3m
- リングゴム ………… 1つ

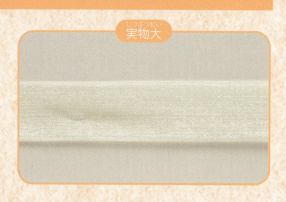
実物大

1 編み器を作ります。

大人の人とやりましょう
13.5cm

① トイレットペーパーの芯と切った割り箸を2本用意します。

② 割り箸を向かい合わせにガムテープで貼ります。

2 編みます。（P.8・9参照）

① リボンをゴムに通せるように小さく巻きます。

② リボンの端をゴムに通します。

③ 糸を編み器に入れ、8の字に糸をかけます。

④ リボンをゴムに通します。

⑤ 1段編みます。

⑥ リボンをゴムに通して1段編むを繰り返します。

⑦ リボンが残り15cmになるまで編みます。

3 糸端を結びます。

① 端の始末をしてリボンを割り箸から外し、両端を引っ張ります。

② 両端を結び、ちょうちょ結びをします。

できあがり!!

Lesson 6-4

いろいろ作ってみよう！
ビーズブレスレット

ビーズを通したテグスを編めば、かわいいブレスレットに！
ビーズを変えるだけで、違った雰囲気を楽しめます！

たくさん作ったら、プレゼントしましょう！

ビーズブレスレットの作り方

材料
- トイレットペーパーの芯 …………………… 1本
- 割り箸 …………………… 3組
- ガムテープ ………… 適量
- テグス0.5mm（ピンク）………… 5m
- ビーズ ………… 約15粒

実物大

1 ビーズを通します。

① テグスにビーズを通します。

2 トイレットペーパーの芯の編み器で編みます。（P.13参照）

① ビーズをテグスの巻いてある側に寄せ、端を編み器に入れます。

② 端をセロハンテープで本体に貼ります。

③ 糸をかけ1段編みます。

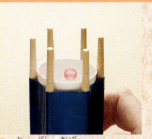   

④ 割り箸の間にビーズを持ってきます。

⑤ 編みます。

⑥ ビーズを好きなところに入れながら繰り返し編みます。

⑦ セロハンテープを取り、端を下に引っ張ります。

3 輪にします。

⑧ 腕に巻ける長さまで編んだら、テグスを切り、端の始末をします。

⑨ テグスを割り箸から外し、端を引っ張ります。

① 両端を2回結んで5cmの長さに切り、残りをテグスの中に絡めます。

できあがり!!

Lesson 6-5

いろいろ作ってみよう！
ハロウィン飾り

顔はフェルトを切り貼りして作ります。

綿を詰めたり、縛ったりしてできるハロウィンの主役たち！
作ったら、教室やお家に飾りましょう！

ハロウィン飾りの作り方

材料

- ペットボトル（2ℓ） …… 1つ
- 割り箸 …………………… 7組
- ガムテープ ……………… 適量
- 並太毛糸（オレンジ） …… 8g
　　　　　　（白） ……… 7g
- 綿 ………………………… 6g
- フェルト
　（黒・緑・赤） ………… 適量

実物大

1 ハロウィンのかぼちゃを編みます。

① ペットボトルの編み器で、10cm編みます。（P.25参照）

② 端の始末をして、糸を割り箸から外します。

③ 編んだものに綿を入れ、十字に縫い閉じて糸始末します。

④ 別糸で真ん中をギュッと結びます。

⑤ 放射状に3回結び、糸始末をします。

2 おばけを編みます。

① 10cm編み、糸を切ります。口を閉じない端の始末をします。（P.18参照）

② 糸を割り箸から外します。

③ 糸始末をして（P.18参照）、綿を入れます。

3 顔を作ります。

① フェルトを切ります。（型紙：P.39）

② 竹串でボンドをつけます。

③ 貼ります。同じように全パーツ貼ります。

できあがり!!

37

P.12 ワイヤークラフト

実物大の型紙

★ 三つあみのやり方

① 1本と2本に分けます。
② 右を真ん中に持っていきます。
③ 左を真ん中に持っていきます。
④ 繰り返します。

P.15　ワイヤークラフト バリエーション・P.36　ハロウィン飾り

実物大の型紙

P.15の型紙

カチューシャの作り方

1. トイレットペーパーの芯（割り箸4本）の編み器（P.26参照）で70cm編みます。
2. 70cmに切った針金の先を丸めて❶に通し、型紙に合わせて針金を曲げます。
3. 針金の先を丸めて閉じます。

P.36の型紙

著者 寺西 恵里子　ERIKO TERANISHI

(株)サンリオに勤務し、子ども向けの商品の企画デザインを担当。退社後も"HAPPINESS FOR KIDS"をテーマに手芸、料理、工作を中心に手作りのある生活を幅広くプロデュース。その創作活動の場は、実用書、女性誌、子ども雑誌、テレビと多方面に広がり、手作りを提案する著作物は700冊を超える。

寺西恵里子の本

『おりがみであそぼ！』（新日本出版社）
『メルちゃんのきせかえお洋服＆こもの』（日東書院）
『サンリオキャラクターズのフェルトマスコット＆リース』（日本ヴォーグ社）
『基本がいちばんよくわかる　刺しゅうのれんしゅう帳』（主婦の友社）
『とびきりかわいく作れる！私だけの推しぬいぐるみ＆もちぬい』（主婦と生活社）
『刺しゅうで楽しむ スヌーピー＆フレンズ』（デアゴスティーニ・ジャパン）
『写真だから折り方がわかりやすい！　たのしい折り紙203』（ブティック社）
『0・1・2歳のあそびと環境』（フレーベル館）
『ひとりでできるアイデアいっぱい貯金箱工作』（汐文社）
『身近なもので作る　ハンドメイドレク』（朝日新聞出版）
『0〜5歳児 発表会コスチューム 155』（ひかりのくに）
『30分でできる! かわいいうで編み＆ゆび編み』（PHP研究所）
『3歳からのお手伝い』（河出書房新社）
『作りたい使いたいエコクラフトのかごと小物』（西東社）
『365日子どもが夢中になるあそび』（祥伝社）

スタッフ　STAFF

撮　　　影　　奥谷 仁　渡邊 峻生
デ ザ イ ン　　NEXUS Design
イ ラ ス ト　　高木 あつこ
作 品 制 作　　岩瀬 映瑠　大島 ちとせ　やべりえ　高木 あつこ
作り方まとめ　　岩瀬 映瑠
校　　　閲　　大島 ちとせ

はじめてのゆびあみ＆リリアンあみ

かわいいリリアンあみ

2025年2月25日　初　版

NDC594 40P 26×22cm

著　者　寺西 恵里子
編　集　有限会社 ピンクパールプランニング
発 行 者　角田 真己
発 行 所　株式会社 新日本出版社
　　　　　〒151-0051　東京都渋谷区千駄ヶ谷4-25-6
　　　　　営業 03(3423)8402　編集 03(3423)9323
　　　　　info@shinnihon-net.co.jp
　　　　　www.shinnihon-net.co.jp
振　替　00130-0-13681
印　刷　文化堂印刷
製　本　東京美術紙工

落丁・乱丁がありましたらおとりかえいたします。
©Eriko Teranishi 2025
ISBN978-4-406-06865-9　C8377
Printed in Japan

本書の内容の一部または全体を無断で複写複製（コピー）して配布することは、法律で認められた場合を除き、著作者および出版社の権利の侵害になります。小社あて事前に承諾をお求めください。